Roger Rankel (Hrsg.)

Immer schön (erfolg)reich bleiben!

Roger Rankel (Hrsg.)

Immer schön (erfolg)reich bleiben!

Die besten Geistesblitze
für Vertrieb und Marketing

Illustriert von Christian Weiß

Bibliografische Information Der Deutschen Nationalbibliothek
Die Deutsche Nationalbibliothek verzeichnet diese Publikation in der
Deutschen Nationalbibliografie; detaillierte bibliografische Daten sind im Internet
über <http://dnb.d-nb.de> abrufbar.

1. Auflage Dezember 2006

Alle Rechte vorbehalten
© Betriebswirtschaftlicher Verlag Dr. Th. Gabler | GWV Fachverlage GmbH,
Wiesbaden 2006, Softcover 2013

Lektorat: Manuela Eckstein

Der Gabler Verlag ist ein Unternehmen von Springer Science+Business Media.
www.gabler.de

Das Werk einschließlich aller seiner Teile ist urheberrechtlich geschützt. Jede Verwertung außerhalb der engen Grenzen des Urheberrechtsgesetzes ist ohne Zustimmung des Verlags unzulässig und strafbar. Das gilt insbesondere für Vervielfältigungen, Übersetzungen, Mikroverfilmungen und die Einspeicherung und Verarbeitung in elektronischen Systemen.

Die Wiedergabe von Gebrauchsnamen, Handelsnamen, Warenbezeichnungen usw. in diesem Werk berechtigt auch ohne besondere Kennzeichnung nicht zu der Annahme, dass solche Namen im Sinne der Warenzeichen- und Markenschutz-Gesetzgebung als frei zu betrachten wären und daher von jedermann benutzt werden dürften.

Umschlaggestaltung: Nina Faber de.sign, Wiesbaden
Umschlagillustration und Illustrationen im Buch: Christian Weiß, X-Design, München
Satz: ITS Text und Satz Anne Fuchs, Bamberg
Druck und buchbinderische Verarbeitung: Wilhelm & Adam, Heusenstamm
Gedruckt auf säurefreiem und chlorfrei gebleichtem Papier

ISBN 978-3-8349-0494-2 (Hardcover)
ISBN 978-3-658-03758-1 (Softcover)

Inhaltsverzeichnis

Vorwort von Christa Kinshofer 9

Über dieses Buch 11

Neue Ideen braucht der Markt 13
(Oder: Warum es sich lohnt,
neue Wege zu wagen!)

- *Geistesblitze für Ihren Erfolg* 16
- *Sichere Treffer im Kundengespräch* 22

Kunden zu Fans machen 23
(... indem Sie ihre Sprache sprechen,
beispielsweise.)

- *Geistesblitze für Ihren Erfolg* 26
- *Sichere Treffer im Kundengespräch* 33

Tapferkeit vor dem Vorgesetzten 35
(... denn so gewinnen Sie Ihren wichtigsten
Verbündeten!)

- *Geistesblitze für Ihren Erfolg* 38
- *Sichere Treffer im Kundengespräch* 44

Gegen die Durststrecken im Verkauf 47
(... denn das Glas ist meist noch halb voll.)

- *Geistesblitze für Ihren Erfolg* 50
- *Sichere Treffer im Kundengespräch* 58

Warum ehrgeizige Ziele sich auszahlen 61
(... denn wer auf den Mond zielt,
wird mindestens einen Stern treffen!)

- *Geistesblitze für Ihren Erfolg* 64
- *Sichere Treffer im Kundengespräch* 68

**Was Gewinner ausmacht –
im Vertrieb und anderswo** 69
(Die Geheimnisse erstaunlicher Karrieren ...)

- *Geistesblitze für Ihren Erfolg* 72
- *Sichere Treffer im Kundengespräch* 81

Lachen ist die beste Brücke zum Kunden 73
(... und Humor der Knopf, der verhindert,
dass uns der Kragen platzt.)

- *Geistesblitze für Ihren Erfolg* 86
- *Sichere Treffer im Kundengespräch* 82

Ausklang: Das Spiel mit den Worten 95

Verzeichnis der Verfasser 97

Stichwortverzeichnis 113

Der Herausgeber 115

Vorwort von Christa Kinshofer

Der absolute Glaube an dich selbst lässt dich zum Sieger werden – dieses Credo begleitet mich seit meiner Zeit als Leistungssportlerin und hat mich durch alle Höhen und Tiefen meiner Karriere geführt. Eine starke Eigenmotivation, der unbedingte Wille zum Erfolg und die Fähigkeit, Durststrecken zu überwinden, sind für Spitzenleistungen im Verkauf ebenso unverzichtbar wie für Siege im Spitzensport. Dieser Einstellung verdanke ich drei olympische Medaillen, den Weltcup Gesamtsieg im Riesenslalom oder auch die Wahl zur Sportlerin des Jahres. Viele Zitate und Bonmots der vorliegenden Sammlung rufen daher unmittelbar eigene Erfahrungen und Erlebnisse in mir wach; und es ist sicher kein Zufall, dass neben Dichtern und Denkern auch Sportler auf den folgenden Seiten zu Wort kommen.

Mit Roger Rankel verbindet mich nicht nur die Liebe zum Skifahren, sondern auch die Erfahrung, dass die eigentlichen Siege im Kopf errungen werden. Das gilt für die mentale Einstimmung vor dem Rennen ebenso wie vor einem Verkaufsgespräch. Und jede Neuerung – sei es ein neuer Ski wie etwa der Carvingski vor einigen Jahren, sei es eine neue Gesprächstechnik wie Roger Rankels Verkaufslogik in „Endlich Empfehlungen" oder „FlowSelling®" – ist zunächst einmal eine Herausforderung. Wer sich ihr mutig stellt, wird nach kurzer Zeit durch ungewöhnliche Erfolge belohnt.

Was Gewinner auszeichnet, warum ehrgeizige Ziele sich auszahlen und wie man mit Misserfolgen umgeht: Die Kapitel dieses Buches berühren Schlüsselfragen im Leben jedes erfolgsorientierten Menschen. Damit thematisieren sie gleichzeitig Kerninhalte der Vorträge und Workshops für Manager und Profisportler, die ich seit der Beendigung meiner aktiven Laufbahn im Skirennlauf durchführe. Beim Blättern in diesem Bändchen habe ich viele Geistesblitze entdeckt, die anspornen, nachdenklich stimmen oder zum Schmunzeln bringen. Der eine oder andere Ausspruch hat dabei gute Chancen auf einen Stammplatz in meinem Gedächtnis und in meinen Veranstaltungen. Ich bin sicher, dass auch Sie sich inspirieren lassen werden, und wünsche Ihnen den Glauben an sich selbst, der unser Leben in der Balance und unsere Karriere auf der Erfolgsspur hält!

Ihre

Christa Kinshofer

Rosenheim, im Oktober 2006

Über dieses Buch

Die Idee zu dieser Zitatesammlung entstand durch die spontane Begeisterung vieler Seminarteilnehmer für die Sinnbilder und Aphorismen, die ich gerne im Training verwende. „Das hat mir wirklich sehr geholfen!", hörte ich immer wieder, oder: „Damit wird mir vieles plötzlich klarer!" Freunde und Geschäftspartner, die meine Vorliebe für treffende Worte und Aphorismen kennen, bereicherten meine Sammlung im Laufe der Jahre stetig. Heute füllt sie tatsächlich ein ganzes Buch. Der Erfolg hat also wieder einmal viele Väter (und Mütter). Für zahlreiche Anregungen und Hinweise bedanke ich mich insbesondere bei Jörg Aneser, Ulrich Frey, Siegfried Haider, Alfred J. Kremer, Michael Künzl, Marcus Neisen, Martina Rosa, Jürgen Schoemen und Katharina Schuh.

Was ist das Besondere an diesem Buch? Die Sammlung ist nicht nur in der Welt von Verkauf und Marketing entstanden – sie ist auch als Begleiter durch den Vertriebsalltag gedacht. Sie halten also kein bloßes Sammelsurium witziger oder nachdenklich stimmender Sprüche in der Hand, sondern ein Kompendium, in dem Sie für viele Alltagssituationen das passende Zitat finden – sei es für Sie persönlich oder für den erfolgreichen Einsatz beim Kunden. Wir spannen den Bogen vom Kundengespräch über geschicktes Chefmanagement bis zum Setzen ambitionierter Ziele. Lassen Sie sich – je nach Bedarf und Bedürfnis – anspornen, entspannen, begeistern oder aufbauen!

Eine Bitte zum Schluss: Griffige Zitate gehen auf Wanderschaft und führen schnell ein Eigenleben. Manches, das mir zugetragen wurde, kam anonym daher, und oft bleib die Suche nach dem Verfasser ergebnislos. Wir haben uns in diesen Fällen für die Angabe „Verfasser unbekannt" entschieden. Sollten Sie die Quelle kennen (oder gar selbst der Verfasser sein), sind wir Ihnen für eine Mitteilung unter info@roger-rankel.de oder an die auf Seite 116 angegebene Anschrift sehr dankbar. Selbstverständlich werden wir diese Information in der nächsten Auflage berücksichtigen.

Und nun viel Spaß beim Stöbern wünscht Ihnen

Ihr

P.S. Falls Sie sich fragen, von wem unser abgewandeltes Titelzitat – „Immer schön reich bleiben!" – stammt: Dieser Rat kommt weder von einem Banker noch von einem Börsenspekulanten, sondern von Robbie Williams.

Neue Ideen braucht der Markt

(Oder: Warum es sich lohnt, neue Wege zu wagen!)

Neue Ideen haben es zu allen Zeiten schwer gehabt: „Meines Erachtens gibt es einen Weltmarkt für vielleicht fünf Computer", meinte kein geringerer als IBM-Präsident Thomas Watson 1943. Was für ein Glück, dass man im Hause IBM nicht auf ihn gehört hat ... In den 70er Jahren erwies sich Ken Olson, Gründer der Digital Equipment Corporation, als ähnlich pessimistisch: „Es gibt keinen Grund, warum Menschen zu Hause einen Computer haben sollten." Bill Gates ließ sich von dieser Einschätzung, wie wir inzwischen wissen, nicht sonderlich beeindrucken. Auch im 19. Jahrhundert schien die ein oder andere Innovation von vornherein zum Scheitern verurteilt: „Das Telefon hat zu viele Mängel, als dass es ernsthaft als Kommunikationsmittel in Betracht kommen könnte", stellte ein Manager der Western Union 1876 fest. Ganz uneigennützig war diese These nicht, schließlich hatte Western Union als damals mächtigste Telegraphengesellschaft kein sonderliches Interesse an einer starken Konkurrenz-Technologie.

Die Geschichte lehrt also, dass man die üblichen Unkenrufe am besten überhört (auch wenn sie von Fröschen kommen, wie in der Fabel am Ende dieses Kapitels). Wer etwas Neues wagt, ruft ganz sicher Neider, Nörgler und chronische Schwarzseher auf den Plan. Kein Wunder, dass sich viele große Geister und Prominente Gedanken über den Aufbruch zu neuen Ufern gemacht und Aufmunterndes dazu gesagt haben. Am besten, Sie halten es in solchen Angelegenheiten mit dem berühmten Physiker und Nobelpreisträger Niels Bohr („Vorhersagen sind immer schwierig – vor allem über die Zukunft."[1]) und gehen einfach Ihren Weg.

---

1 Alle Zitate aus: Hermann Maurer, „Prognosen und Thesen ... nicht nur zum Schmunzeln". Download unter
http://www.iicm.tugraz.at/publications/iicm_papers/60_thesis.html

Geistesblitze für Ihren Erfolg

Fortschritt ist der Schritt zum Erfolg.

Oscar Wilde

Nichts auf der Welt ist so mächtig wie eine Idee, deren Zeit gekommen ist.

Victor Hugo

Wenn du etwas Neues wagst, wirst du erst belächelt, dann bekämpft und am Schluss bewundert: „Dass du das schaffst, war mir schon immer klar."

Verfasser unbekannt

Der Mensch kann nicht zu neuen Ufern vordringen, wenn er nicht den Mut aufbringt, die alten zu verlassen.

André Gide

Geh nicht immer auf dem vorgezeichneten Weg, der nur dahin führt, wo andere bereits gegangen sind.

Alexander Graham Bell

Oft verglimmen die gewaltigsten Kräfte,
weil kein Wind sie anbläst.

Jeremias Gotthelf

Es liegt im Interesse des Allgemeinwohls,
dass es immer Menschen geben muss,
die gegen den Strom schwimmen.
Nur weiß das Allgemeinwohl das meist nicht.

Seneca

Unter den Menschen gibt es viel mehr Kopien
als Originale.

Pablo Picasso

Wer nicht verändern will, wird auch das
verlieren, was er bewahren möchte.

Gustav W. Heinemann

Der Mensch ist ein Wesen mit der Möglichkeit
zu neuen Wirklichkeiten.

Aristoteles

Der Traum ist der beste Beweis, dass wir nicht
so fest in unsere Haut eingeschlossen sind, als
es scheint.

Friedrich Hebbel

Sei du selbst die Veränderung, die du dir
wünschst für diese Welt.

Mahatma Gandhi

Diejenigen, die keine Fehler machen, machen
den größten aller Fehler: Sie versuchen nichts
Neues.

Verfasser unbekannt

Wer mit dem Strom schwimmt, landet
irgendwann im Meer.

Wer sich gegen den Strom bewegt, gelangt
sicher zur Quelle.

Verfasser unbekannt

Kein weiser oder tapferer Mann legt sich auf
die Schienen der Geschichte und wartet, dass
der Zug der Zukunft ihn überfährt.

Dwight D. Eisenhauer

Träume sind der Lichtbogen zwischen dem,
was ist, und dem, was sein kann.

Verfasser unbekannt

Denke nicht nach, sondern vor.

Die Lehre des Buddha

Wenn du etwas so machst, wie du es seit zehn Jahren gemacht hast, dann sind die Chancen groß, dass du es falsch machst und alles beim Alten bleibt.

Charles Franklin Kettering

Die Gewohnheit ist ein Seil. Wir weben jeden Tag einen Faden, und schließlich können wir es nicht mehr zerreißen.

Thomas Mann

Bei besonderen Herausforderungen sollte man lieber das Schwimmen lernen, als das Wasser meiden.

Verfasser unbekannt

Die Welt ist in zwei Klassen geteilt:
in diejenigen, die das Unglaubliche glauben, und diejenigen, welche das Unwahrscheinliche tun.

Oscar Wilde

Wer aufsteigen will, muss Ballast abwerfen können.

Alte Vertriebsweisheit

Die Fabel vom Frosch ... oder: Lektion Nr. 1 für das Leben

Verfasser unbekannt

Es war einmal ... ein Wettstreit der Frösche. Das Ziel war es, auf den höchsten Punkt eines großen Turms zu gelangen. Es versammelten sich viele andere Frösche, um zuzusehen und ihre Artgenossen anzufeuern. Der Wettkampf begann.

In Wirklichkeit glaubte keiner von den Zuschauern daran, dass auch nur ein Frosch auf die Spitze des Turmes gelangen könnte, und alles, was man hörte, waren Sätze wie: „Die Armen! Sie werden es nie schaffen!"

Die Frösche begannen einer nach dem anderen aufzugeben – außer einem, der weiterhin versuchte, auf die Spitze des Turmes zu klettern. Die Zuschauer fuhren fort zu sagen: „Die Armen! Sie werden es nie schaffen!" Und die Frösche gaben sich geschlagen, außer dem einen Dickschädel, der nicht aufgab.

Schlussendlich hatten alle Frösche ihr Vorhaben abgebrochen – nur jener Frosch hatte alleine und unter großer Anstrengung die Spitze des Turmes erreicht. Die anderen wollten von ihm wissen, wie er das geschafft hatte. Einer der anderen Frösche näherte sich ihm, um zu fragen, wie er es geschafft hätte, den Wettlauf zu gewinnen. Da merkten sie, dass er taub war!

Moral: Hör nicht auf die Personen, die die schlechte Angewohnheit haben, pessimistisch zu sein. Sie stehlen dir die tiefsten Hoffnungen deines Herzens!

Denke immer an die Kraft, die die Worte haben, die du hörst oder liest. Bemühe dich deshalb immer, *positiv* zu sein!

Anders gesagt:
Sei immer taub, wenn jemand dir sagt, du könntest deine Träume nicht verwirklichen.

Carl Peter Fröhling

Sichere Treffer im Kundengespräch

Unser Kopf ist rund, damit das Denken die Richtung wechseln kann.

Francis Picabia

Risiko ist die Bugwelle des Erfolgs.

Carl Amery

Menschen mit einer neuen Idee gelten so lange als Spinner, bis sich die Sache durchgesetzt hat.

Mark Twain

Verantwortlich ist man nicht nur für das, was man tut, sondern auch für das, was man nicht tut.

Laotse

Wenn der Wind des Wandels weht, bauen die einen Mauern, die anderen Windmühlen.

Chinesisches Sprichwort

Kunden zu Fans machen

(... indem Sie ihre Sprache sprechen, beispielsweise.)

„Gute Verkäufer haben Kunden, sehr gute Verkäufer haben Fans" – so lautet eines meiner Lieblingszitate. Doch wie macht man Kunden zu Fans? Beispielsweise, indem man ein offenes Ohr für ihre wirklichen Motive und Anliegen beweist, indem man die Sprache des Kunden spricht, statt ihn mit Fachvokabular zu überfordern, indem man ihn überzeugt, nicht überrumpelt – kurz, indem man gute Gespräche führt.

In der Kunst der Kommunikation kennen die großen Dichter sich erwartungsgemäß aus, wie Sie im folgenden Kapitel sehen werden. Goethe empfiehlt schlicht, doppelt so viel zuzuhören, wie selbst zu reden (und liefert eine überraschende Begründung dafür). Sein Kollege von der anderen Seite der Weltkugel, der kolumbianische Nobelpreisträger Gabriel García Márquez unterstreicht, wer etwas verkaufen wolle, müsse die Sprache seines Gegenübers sprechen, während es nicht Sache des Käufers sei, sich ähnlich anzustrengen. Damit ist schon mehr gesagt, als manches Verkaufstraining in zähen Seminarstunden vermittelt.

15 Jahre Vertriebspraxis haben mich überzeugt, dass Verkaufen zugleich ein logischer und ein psycho-logischer Prozess ist. Ein professionelles Verkaufsgespräch nimmt einen klaren Weg vom Aufbau von Vertrauen über die Erarbeitung der Ziele des Kunden bis zum Abschluss. Diese Phasen zu kennen nützt jedoch wenig, wenn man sie nicht glaubhaft mit Leben füllen und gestalten kann. Das erfordert psychologisches Gespür oder schlicht die Fähigkeit, die richtigen Worte zu finden. Mit „Endlich Empfehlungen" und „FlowSelling®" habe ich zwei Trainingssysteme entwickelt, die Logik und Psychologie erfolgreich verknüpfen und auf begeisterte Resonanz stoßen.

Geistesblitze für Ihren Erfolg

Ein gutes Geschäft ist nur dann eines,
wenn beide Gewinner sind.

Roger Rankel

Wer etwas verkaufen will, muss die Sprache
beherrschen. Aber wer etwas kaufen will,
den versteht jedermann.

Gabriel García Márquez

Menschen lassen sich viel eher durch
Argumente überzeugen, die sie selbst
entdecken, als durch solche, auf die
andere kommen.

Blaise Pascal

Der Ball ist dann am schönsten zu schlagen,
wenn er im Zenit ist.

Boris Becker

Was ist Reichtum? Für jemanden ist ein altes
Hemd schon Reichtum. Ein anderer ist mit
zehn Millionen arm.

Franz Kafka

Profiverkäufer verkaufen nicht. Stattdessen finden sie heraus, was der potenzielle Kunde möchte, und helfen ihm dann, es zu bekommen. Das ist kaufen lassen!

Roger Rankel

Wahre Worte sind nicht angenehm, angenehme Worte sind nicht wahr.

Laotse

Ich habe kein Marketing gemacht.
Ich habe immer nur meine Kunden geliebt.

Zino Davidoff

Das echte Gespräch bedeutet: aus dem Ich heraustreten und an die Türe des Du klopfen.

Albert Camus

Man kann niemanden etwas lehren, man kann ihm nur helfen, es in sich selbst zu entdecken.

Galileo Galilei

Das Nichtverstehen kommt meistens gar nicht vom Mangel an Verstande, sondern vom Mangel an Sinn.

Friedrich Schlegel

Man muss den Mut haben, auch
Selbstverständlichkeiten auszusprechen.

Arthur Schnitzler

Überlege einmal, bevor du gibst.
Überlege zweimal, bevor du nimmst und
überlege tausendmal, bevor du forderst.

Chinesisches Sprichwort

Wer nur Fragen stellt, will nicht geben.

Verfasser unbekannt

Einen Fisch fängt man nur, wenn er das Maul
aufmacht. Und einen Kunden nur dann, wenn
er den Mund aufmacht.

Roger Rankel

Jede Wahrheit braucht einen Mutigen,
der sie ausspricht.

Verfasser unbekannt

Wenn es nur eine Wahrheit gäbe, könnte man
nicht hundert Bilder über dasselbe Thema
malen.

Pablo Picasso

Fehlende Aufmerksamkeit blendet
Informationen aus, die zu Verstehen führen.

Roger Rankel

Sei gütig, denn alle Menschen, denen du
begegnest, kämpfen einen schweren Kampf.

Platon

Das Herz hat seine eigene Logik, die der
Verstand nicht kennt.

Blaise Pascal

Ohne Sicherheit ist keine Freiheit.

Wilhelm von Humboldt

Es ist schwieriger, eine vorgefasste Meinung zu
zertrümmern als ein Atom.

Albert Einstein

Beim Spiel kann man einen Menschen in einer
Stunde besser kennen lernen als im Gespräch
in einem Jahr.

Platon

Fachidiot schlägt Kunde tot.

Alte Verkäuferweisheit

Wer sich nicht raten lässt, dem ist nicht zu helfen.

Benjamin Franklin

Der lange Fluss der Rede mündet ins Meer der Geschwätze.

Chinesisches Sprichwort

Eine spitze Zunge ist die einzige Waffe, die durch ständigen Gebrauch nur noch schärfer wird.

Verfasser unbekannt

Du musst aus deinem Kopf herauskommen und stets dort anfangen, wo der Kunde steht!

Roger Rankel

Die Gesprächseröffnung ist wie eine Ouvertüre. Fällt sie durch, ist auch die Oper durchgefallen.

Verfasser unbekannt

Die kürzeste Verbindung zwischen zwei
Menschen ist ein Lächeln.

Papst Johannes Paul I

Auch die Pause gehört zur Musik.

Stefan Zweig

Ein Strauß lieber Worte bedeutet oftmals mehr
als eine Vase mit Orchideen.

Peter Feichtinger

Wir alle sind so borniert, dass wir immer
glauben, recht zu haben.

Johann Wolfgang von Goethe

Es ist wichtiger, Fragen stellen zu können,
als auf alles eine Antwort zu haben.

James Thurber

Wenn man einem Menschen trauen kann,
erübrigt sich ein Vertrag. Wenn man ihm nicht
trauen kann, ist ein Vertrag nutzlos.

John Paul Getty

Mehrere Entschuldigungen sind stets weniger
überzeugend als eine.

Aldous Huxley

Eine (Kunden-)Beziehung muss im Innern so stark sein, dass sie das Außen aushält.

Roger Rankel

Die Kunst des Interviewers besteht darin, Fragen zu stellen, die beantwortet werden können.

Robert Lembke

Viele erfolglose Verkäufer geben ihren Kunden zu ausführliche Antworten auf nicht gestellte Fragen.

Jürgen Schoemen

Wer zu viele Worte verliert, findet selten die richtige Sprache.

Verfasser unbekannt

Sichere Treffer im Kundengespräch

Gott gab uns nur einen Mund, aber zwei Ohren, damit wir doppelt soviel zuhören können, als wir reden sollten.

Johann Wolfgang von Goethe

Der schnellste Weg, sich über eine Sache klar zu werden, ist ein Gespräch.

Friedrich Dürrenmatt

Eine gute Rede hat einen guten Anfang und ein gutes Ende – und beide sollten möglichst dicht beieinander liegen.

Mark Twain

Die Steigerung von Idiot heißt Fachidiot.

Gerhard Uhlenbruck

Vorsicht und Misstrauen sind gute Dinge, nur sind auch ihnen gegenüber Vorsicht und Misstrauen nötig.

Christian Morgenstern

Wer eine Menge großer Worte gebraucht, will nicht informieren, sondern imponieren.

Oskar von Miller

Fürchte nicht die, die nicht mit dir übereinstimmen, sondern die, die nicht mit dir übereinstimmen und zu feige sind, es dir zu sagen.

Napoléon Bonaparte

Fragen sind nie indiskret. Antworten bisweilen.

Oscar Wilde

Auch selbst den weisesten unter den Menschen sind die Leute, die Geld bringen, mehr willkommen als die, die welches holen.

Georg Christoph Lichtenberg

Tapferkeit vor dem Vorgesetzten

(... denn so gewinnen Sie Ihren wichtigsten Verbündeten!)

Wolle man einen Menschen richtig beurteilen, so solle man sich fragen: „Möchtest du den zum Vorgesetzten haben?", empfahl einst Kurt Tucholsky. Ein Test, der ziemlich nachdenklich machen kann ... Auch über die Chefs im wirklichen (Arbeits-)Leben wird gerne und ausgiebig gejammert – nur das Wetter wird wahrscheinlich noch häufiger beklagt. Das eine wie das andere kann man sich leider meist nicht aussuchen. Sich zu arrangieren ist die clevere Option, zumal bei der eigenen Karriere kein Weg am Vorgesetzten vorbeiführt.

Wer ehrgeizige Ziele verfolgt, holt also am besten den eigenen Boss mit ins Boot. Bedingungslose Jasagerei wird Sie gerade in wettbewerbsorientierten Arbeitsbereichen wie Verkauf und Vertrieb dabei kaum weiterbringen. Gefragt sind erfolgreiche Arbeit, gutes Selbstmarketing und ein Schuss Diplomatie. Anders gesagt: Die Zahlen müssen stimmen, und die Beziehungsebene auch. Warum wollen Sie das psychologische Geschick, das Sie Tag für Tag im Verkauf einsetzen, beim Ziele- oder Jahresgespräch mit Ihrem Vorgesetzten vor der Tür lassen?

Über kluges Gesprächsverhalten haben sich Denker, Dichter und Prominente in allen Regionen der Welt geäußert. Lesen Sie selbst ...

Geistesblitze für Ihren Erfolg

Ehe wir uns anschicken, andere zu überzeugen, müssen wir selbst überzeugt sein.

Dale Carnegie

Es ist noch nicht genug, eine Sache zu beweisen, man muss die Menschen zu ihr auch noch verführen.

Friedrich Nietzsche

Aufrichtigkeit ist die Zuflucht derer, die weder Phantasie noch Taktgefühl haben.

Henry de Montherlant

Ein Kluger bemerkt alles. Ein Dummer macht über alles eine Bemerkung.

Heinrich Heine

Ich möchte keine Jasager um mich. Ich möchte, dass jeder mir die Wahrheit sagt, auch wenn es ihn den Job kostet.

Samuel Goldwyn

Wer unter Toren schweigt, lässt Vernunft,
wer unter Vernünftigen schweigt, Torheit
vermuten.

Ernst von Feuchtersleben

Fühlst du dich von jemandem beleidigt,
so stellst du dich geistig unter ihn.

Chinesisches Sprichwort

Schlechte Argumente bekämpft man am
besten, indem man ihre Darlegung nicht stört.

Sir Alec Guinness

Das Kunststück ist nicht, mit dem Kopf durch
die Wand zu rennen, sondern mit den Augen
die Tür zu öffnen.

Verfasser unbekannt

Es gibt kein besseres Mittel, das Gute in
den Menschen zu wecken, also sie so zu
behandeln, als wären sie schon gut.

Gustav Radbruch

Diskussionen haben nur dann einen Sinn,
wenn man nicht von vornherein entschlossen
ist, Recht zu behalten.

Hans Clarin

Zur Wahrheit gehören immer zwei – einer,
der sie sagt, und einer, der sie versteht.

Henry David Thoreau

Die Wirklichkeit eines anderen Menschen liegt
nicht in dem, was er dir offenbart, sondern
vielmehr in dem, was er dir nicht offenbaren
kann.

Khalil Gibran

In Partnerschaften muss man sich manchmal
streiten, denn dadurch erfährt man etwas
mehr voneinander.

Johann Wolfgang von Goethe

Rationale Argumentationssiege beseitigen
keine Beziehungsstörungen.

Roger Rankel

Es nützt nichts, einen Weltrekord zu laufen,
wenn niemand da ist, der ihn beobachtet.

Wolfgang Schur/Günter Weick

Das Match wird zwischen den Ohren
gewonnen.

Boris Becker

Wer will, dass ihm die anderen sagen, was sie wissen, der muss ihnen sagen, was er selbst weiß. Das beste Mittel, Informationen zu erhalten, ist, Informationen zu geben.

Niccolò Machiavelli

Wer lächelt, statt zu toben, ist immer der Stärkere.

Japanisches Sprichwort

Toleranz heißt: die Fehler des anderen entschuldigen. Takt heißt: sie nicht zu bemerken.

Arthur Schnitzler

Logik garantiert keinen emotionalen Konsens.

Roger Rankel

Ein Kompromiss ist nur dann gerecht, brauchbar und dauerhaft, wenn beide Partner damit gleich unzufrieden sind.

Henry Alfred Kissinger

Gesunde Kompromisse machen aus Konflikten chronische Krankheiten.

Johann Wolfgang von Goethe

Dumme Gedanken hat jeder, aber der Weise verschweigt sie.

Chinesisches Sprichwort

Zivilcourage: das, was von einem Menschen übrig bleibt, wenn der Vorgesetzte das Zimmer betritt.

Wernher von Braun

Begeisterungsfähigkeit ist die bestbezahlte Eigenschaft der Welt.

Frank Bettger

Will man in der Welt gefallen, so muss man sich entschließen, viele Dinge, die man weiß, von Leuten zu erlernen, die davon keine Ahnung haben.

Nicolas Chamfort

Eine gewonnene Diskussion ist ein verlorener Freund.

Verfasser unbekannt

Lob ist eine gewaltige Antriebskraft, dessen Zauber seine Wirkung nie verfehlt.

Andor Foldes

Um ein tadelloses Mitglied einer Schafherde sein zu können, muss man vor allem ein Schaf sein.

Albert Einstein

Zwei Dinge sind schädlich für jeden. Reden, wenn es Zeit ist zu schweigen, und Schweigen, wenn es Zeit ist zu reden.

Verfasser unbekannt

Über die Macht der Sprache ...

Verfasser unbekannt

Ein junger Priester fragt seinen Bischof: „Darf ich beim Beten rauchen?" Der Bischof antwortet energisch, das dürfe er nicht.

Später begegnet der junge Priester einem älteren Amtsbruder, der beim Beten genüsslich eine Zigarette raucht. Der Priester mahnt ihn: „Sie sollten nicht beim Beten rauchen! Ich habe den Bischof gefragt, ob das erlaubt sei, und er hat es mir verboten."

„Das ist merkwürdig", erwidert der ältere Priester. „Ich habe den Bischof gefragt, ob ich beim Rauchen beten darf, und er hat mir geantwortet, ich dürfe jederzeit beten."

Sichere Treffer im Kundengespräch

Eine Notlüge ist immer verzeihlich. Wer aber
ohne Zwang die Wahrheit sagt, verdient keine
Nachsicht.

Karl Kraus

Was nicht auf einer einzigen Manuskriptseite
zusammengefasst werden kann, ist weder
durchdacht noch entscheidungsreif.

Dwight D. Eisenhower

Wer sich zu wichtig für kleine Arbeiten hält,
ist meistens zu klein für wichtige Arbeiten.

Jacques Tati

Eine gute Idee erkennt man daran,
dass sie geklaut wird.

Gerhard Uhlenbruck

Die Straßen des geringsten Widerstandes sind
nur am Anfang asphaltiert.

Hans Kasper

Ein feiger Mensch stirbt tausend Tode,
ein mutiger nur einen.

Johann Wolfgang von Goethe

Der Fisch im Aquarium

Verfasser unbekannt

Ein Fisch schwimmt in seinem Aquarium und hat damit seinen ganzen Lebensraum zur Verfügung. Irgendwann, eines Nachts, wird das Aquarium durch eine Glasscheibe geteilt, und der Fisch hat nur noch die Hälfte seines bisherigen Lebensraums. In der Nacht darauf wiederholt sich das Ganze noch einmal, und so hat der Fisch nur noch ein Viertel von seinem ursprünglichen Raum. Der Fisch gewöhnt sich im Laufe der Zeit an die Enge; und als irgendwann die Scheiben wieder herausgezogen werden, braucht der Fisch sehr, sehr lange, bis er wieder seinen gesamten Lebensraum abschwimmt.

So ist es mit uns Menschen auch: Wir haben einen viel größeren Raum zur Verfügung, viel mehr Möglichkeiten, als wir zunächst denken. Wir sehen nicht einmal die Scheiben, an die wir stoßen könnten, sondern kehren schon vorher wieder um ...

Gegen die Durststrecken im Verkauf

(... denn das Glas meist noch halb voll!)

„Was erfolgreiche Menschen auszeichnet? Sie geben nicht auf. Sie kommen nach Rückschlägen immer wieder auf die Beine und lassen sich nicht entmutigen." Das habe ich vor einigen Jahren in meinem ersten Buch, „Das OSKAR-Prinzip", geschrieben, und es erscheint mir unverändert eins der wichtigsten Erfolgsmomente. Gelegentliche Misserfolge gehören zum Erfolg dazu wie die Mücken zum lauen Sommerabend. Wenn uns der Blues packt, reden wir uns gerne ein, den Gewinnertypen „falle alles in den Schoß", sie „hätten eben mehr Glück" als wir. Die Wirklichkeit straft uns Lügen. Hinter Boris Beckers Ausnahmekarriere im Tennis stehen etliche tausend Stunden harten Trainings – Stunden, in denen er vermutlich mehr Tennisbälle verschossen hat als alle Hobbyspieler dieses Landes zusammen. Walt Disney hinterließ bei seinem Tod 1966 einen Weltkonzern. Um das Startkapital für die Gründung einer Trickfilmproduktion aufzutreiben, klopfte er bei 100 Banken vergeblich an. Erst bei Numero 101 stieß er auf offene Ohren. Albert Einstein rasselte beim ersten Mal durch die Aufnahmeprüfung der ETH Zürich, Bill Gates brach sein Studium ab. Es hat sie nicht gehindert, zum Jahrhundertgenie und zum Multimilliardär aufzusteigen. Die Liste ließe sich beliebig verlängern.

Wer in Verkauf und Vertrieb, in Werbung und Marketing ehrgeizige Ziele erreichen will, wird zwischendurch unweigerlich stolpern. Das allein ist kein Drama. Dramatisch wird es erst, wenn Sie das am Weitergehen hindert oder veranlasst, die Messlatte zukünftig ganz niedrig aufzulegen.

Geistesblitze für Ihren Erfolg

Im Leben kommt es nicht nur darauf an,
welche Karten man zugeteilt bekommt,
sondern darauf, wie man sie spielt.

Verfasser unbekannt

Wenn wir eine große Enttäuschung erleben,
so wissen wir nicht, ob das das Ende der
Geschichte ist. Es kann genauso gut der
Anfang eines großen Abenteuers sein.

Pema Chödrön

Die Entfernung ist unwichtig, nur der erste
Schritt ist schwierig.

Marie-Anne du Deffand

Misserfolg ist die Chance, es beim nächsten
Mal besser zu machen.

Henry Ford

Wer tiefer irrt, der wird auch tiefer weise.

Gerhart Hauptmann

Die besten Dinge im Leben sind nicht die, die
man für Geld bekommt.

Albert Einstein

Man darf das Schiff nicht an einen einzigen Anker und das Leben nicht an eine einzige Hoffnung binden.

Epiktet

Ohne Erholungsphasen gerät unser Leben zu einem Wirbelwind des *Tuns*, in dem es keine Gelegenheit zu *sein* gibt.

Verfasser unbekannt

Lebensklugheit bedeutet: alle Dinge möglichst wichtig, aber keines völlig ernst nehmen.

Arthur Schnitzler

Krise kann ein produktiver Zustand sein. Man muss ihr nur den Beigeschmack der Katastrophe nehmen.

Max Frisch

Um klar zu sehen, genügt oft ein Wechsel der Blickrichtung.

Antoine de Saint-Exupéry

Viele Menschen wissen, dass sie unglücklich sind. Aber noch mehr Menschen wissen nicht, dass sie glücklich sind.

Albert Schweitzer

Nichts ist vergeblich, es sei denn, es bleibt unversucht.

Verfasser unbekannt

Auch wenn man nur wenig bewegen kann, wäre es der größte Fehler, das Wenige nicht zu tun.

Verfasser unbekannt

Der beste Schutz gegen die Managerkrankheit ist eine gute Sekretärin.

Ferdinand Sauerbruch

Zur Wahrscheinlichkeit gehört auch, dass das Unwahrscheinliche eintritt.

Aristoteles

Erfahrungen sind wie Laternen, die wir auf dem Rücken tragen. Sie beleuchten den Weg, den wir hinter uns haben.

Konfuzius

Habe Vertrauen zum Leben, und es trägt dich lichtwärts.

Seneca

Mitleid bekommt man geschenkt, Neid muss man sich verdienen.

Robert Lembke

Halte dir jeden Tag dreißig Minuten Zeit für deine Sorgen – und mache in dieser Zeit ein Nickerchen.

Verfasser unbekannt

Wenn es einen Grund gibt, aufzugeben, gibt es immer auch einen, an anderer Stelle fortzufahren.

Verfasser unbekannt

Der Gescheiterte gibt nach! Ein unsterbliches Wort. Es begründet die Weltherrschaft der Dummheit.

Marie von Ebner-Eschenbach

Der Zweifel raubt uns, was wir gewinnen könnten, wenn wir nur wagen würden.

William Shakespeare

Meistens entsteht Unglück allein durch die falsche Art, über etwas nachzudenken.

Verfasser unbekannt

Nichts macht das Leben ärmer, als anfangen
und abbrechen.

Christian Morgenstern

Das Glück kommt zu denen, die lachen.

Japanisches Sprichwort

Fehler sind Orientierungshilfen.

Roger Rankel

Ich habe Fehler gemacht, aber nie zwei Mal
den gleichen.

Arnold Schwarzenegger

Den Schlüssel zum Erfolg kenne ich nicht.
Der Schlüssel zum Scheitern ist der Versuch,
es allen recht zu machen.

Bill Cosby

Nicht die Dinge sind positiv oder negativ,
sondern unsere Einstellung macht sie so.

Epiktet

Man kann nicht kämpfen, wenn die Hosen
voller sind als die Herzen.

Carl von Ossietzky

Achte auf deine Gedanken! Sie sind der Anfang deiner Taten.

Chinesisches Sprichwort

Unsere größte Schwäche liegt im Aufgeben. Der sicherste Weg zum Erfolg ist immer, es noch mal zu versuchen.

Thomas Alva Edison

Ärgere dich nicht darüber, dass der Rosenstrauch Dornen trägt, sondern freue dich darüber, dass der Dornenstrauch Rosen trägt.

Arabisches Sprichwort

Der Sinn deines Lebens ist, deinem Leben einen Sinn zu geben!

Kool Savas („Der beste Tag meines Lebens")

Die Schlüsselfrage lautet immer: Was ist das Beste, was ich unter diesen Umständen tun kann?

Verfasser unbekannt

Angst und Unlust sind oft nichts anderes als mangelnde Vorbereitung.

Roger Rankel

Wenn du der Welt dein Bestes gibst, könntest
du verletzt werden.
Gib der Welt trotzdem dein Bestes.

Mutter Teresa

Wir Menschen haben mehr Angst vor unserer
Stärke als vor unserem Versagen.

Nelson Mandela

Die Erinnerungen verschönern das Leben,
aber das Vergessen allein macht es erträglich.

Honoré de Balzac

Achte stets auf deine Gedanken,
sie werden zu Worten.

Achte auf deine Worte,
sie werden zu Handlungen.

Achte auf deine Handlungen,
sie werden zu Charaktereigenschaften.

Achte auf deinen Charakter,
er wird dein Schicksal.

Verfasser unbekannt

Ein Mensch bleibt weise, solange er die
Weisheit sucht; sobald er meint, sie gefunden
zu haben, wird er ein Narr.

Verfasser unbekannt

Unsere Hauptaufgabe ist nicht, zu erkennen, was unklar in weiter Zukunft liegt, sondern zu tun, was klar vor uns liegt.

Thomas Carlyle

In der Krise beweist sich der Charakter.

Helmut Schmidt

Die meisten Menschen verwenden mehr Zeit und Kraft darauf, um die Probleme herumzureden, als sie anzupacken.

Henry Ford

Sichere Treffer im Kundengespräch

Auch aus Steinen, die in den Weg gelegt werden, kann man schönes bauen.

Johann Wolfgang von Goethe

Man muss ins Gelingen verliebt sein, nicht ins Scheitern.

Ernst Bloch

Wende dein Gesicht der Sonne zu, dann lässt du die Schatten hinter dir.

Afrikanisches Sprichwort

Es ist besser, ein kleines Licht zu entzünden, als über die große Dunkelheit zu fluchen.

Konfuzius

Der eine wartet, dass die Zeit sich wandelt, der andere packt sie kräftig an – und handelt.

Dante Alighieri

Wenn einem das Wasser bis zum Mund steht, darf man auf keinen Fall den Kopf hängen lassen.

Chinesisches Sprichwort

Der Mann, der den Berg abtrug, war derselbe, der anfing, kleine Steine wegzutragen.

Konfuzius

Es ist nicht wichtig, wie gut du bist, wenn du gut bist, sondern wie gut du bist, wenn du schlecht bist.

Verfasser unbekannt

Gras wächst nicht schneller,
wenn man daran zieht.

Alfred J. Kremer

Warum ehrgeizige Ziele sich auszahlen

(... denn wer auf den Mond zielt, wird mindestens einen Stern treffen!)

Keine Sorge, wir werden hier nicht in den Chor der Tschacka-Schreier einstimmen, die Ihnen weiszumachen versuchen, alles sei machbar, wenn Sie es nur wirklich wollen. Wahr ist allerdings, dass man ohne klare Ziele hinter seinen Möglichkeiten zurückbleibt. Schon in Lewis Carolls „Alice in Wonderland" belehrt die Cheshire-Katze die ratlos nach dem Weg fragende Alice süffisant, wenn sie nicht wisse, wohin sie wolle, sei es doch auch egal, wohin sie gehe. Ziele sind handlungsleitend, sie spornen an und geben dem Leben Richtung. Erfolg ist so gesehen die Summe aus Zielorientierung, Hartnäckigkeit und Ausdauer. Als Kronzeugen dafür bieten wir in diesem Kapitel unter anderem Augustinus und Cicero, Ernst Jünger und Wolfgang Mewes auf.

Auch im Kundengespräch spielen Ziele eine wichtige Rolle. Sie sollten erst in die eigentliche Beratung einsteigen, wenn Sie sicher sind, die wirklichen Ziele Ihres Kunden zu kennen. Häufig gibt es ein Motiv hinter dem spontan genannten Motiv. Etliche Verkäufer beginnen meiner Erfahrung nach viel zu früh, den Kunden mit Fakten, Daten und Zahlen zuzuschütten. Das flapsige „Fachidiot schlägt Kunde tot" beschreibt diesen Kardinalfehler. Deshalb wird in meiner Verkaufslogik „FlowSelling®" ein Schwerpunkt auf die zweite Phase des Verkaufsgesprächs, die Motivationsphase, gelegt. Hier werden die Ziele des Kunden erarbeitet und bereits hier fällt die Entscheidung, ob es zum Abschluss kommen wird. Denn wie schon gesagt: Ziele sind handlungsleitend ...

Geistesblitze für Ihren Erfolg

Unsere Träume können wir erst dann verwirklichen, wenn wir uns entschließen, daraus zu erwachen.

Josephine Baker

Je näher es zum Ziel hingeht, umso enger wird es.
Deshalb ist ganz oben auch kein Platz zum Ausruhen.

Verfasser unbekannt

Man trägt ein göttliches Gefühl in seiner Brust, wenn man erst weiß, dass man etwas kann, wenn man nur will.

Friedrich Ludwig („Turnvater") Jahn

Wage es, weise zu sein.

Horaz

Ein Durchschnittsmensch, der sich auf den wirkungsvollsten Punkt konzentriert, wird erfolgreicher sein als ein Genie, das sich verzettelt.

Wolfgang Mewes

Kein Ziel ist so hoch, dass es unwürdige Methoden rechtfertige.

Albert Einstein

Versuche nicht andere, sondern dich selbst zu übertreffen.

Marcus Tullius Cicero

Was immer du auch tun kannst oder erträumst zu können, beginne es.

Kühnheit besitzt Genie, Macht und magische Kraft.

Beginne es jetzt.

Willst du aber das Beste tun, so bleib nicht auf dir selber ruhn, sondern folg eines Meisters Sinn, mit ihm zu irren, ist dir Gewinn.

Johann Wolfgang von Goethe

Man muss schon da sein, bevor man angekommen ist.

Richard Bach

Der beste Weg, die Zukunft vorherzusagen, ist, sie zu gestalten.

Verfasser unbekannt

Ein Geschäft eröffnen, ist leicht. Schwer ist, es geöffnet zu halten.

Chinesisches Sprichwort

Nicht die Genialität der Logik ist entscheidend, sondern die konsequente Umsetzung des Einzelnen.

Roger Rankel

In dir muss brennen, was du in anderen entzünden willst.

Augustinus

Je planmäßiger der Mensch vorgeht, umso wirkungsvoller trifft ihn der Zufall.

Friedrich Dürrenmatt

Jeder ist nur so viel wert wie das Ziel seines Strebens.

Mark Aurel

Nur wer das Ziel kennt, kann treffen.

Griechisches Sprichwort

Nach Ägypten wär's nicht so weit, aber bis man zum Südbahnhof kommt ...

Karl Kraus

Der Stein der Weisen sieht dem Stein der Narren zum Verwechseln ähnlich.

Joachim Ringelnatz

Es gibt nichts, was den Moment des verwandelten Matchballes, das Bewusstsein, sich durchgesetzt zu haben, übertrifft.

Steffi Graf

Den lieb' ich, der Unmögliches begehrt.

Johann Wolfgang von Goethe

Alle Sorge hat ein Ende, wenn wir einen festen Entschluss gefasst haben.

Marcus Tullius Cicero

Sichere Treffer im Kundengespräch

Dem Geld darf man nicht nachlaufen,
man muss ihm entgegengehen.

Aristoteles Onassis

Jeder Schritt führt näher zum Ziel.
Dies gilt auch für Rückschritte.

Ernst Jünger

Wenn ich nicht weiß, in welchen Hafen ich
segeln will, dann ist kein Wind für mich der
richtige.

Seneca

Ausdauer ist ein Talisman für das Leben.

Afrikanisches Sprichwort

Es genügt nicht, an den Fluss zu kommen,
nur mit dem Wunsch, Fische zu fangen.
Man muss auch das Netz mitbringen.

Chinesisches Sprichwort

Was Gewinner ausmacht – im Vertrieb und anderswo

(Die Geheimnisse erstaunlicher Karrieren ...)

Erfolg sei 1 Prozent Inspiration und 99 Prozent Transpiration, hat Thomas Alva Edison einmal gesagt. Er muss es wissen, denn kaum jemand hat so viele Erfindungen gemacht wie der amerikanische Tüftler. Ganz neu ist seine Einsicht allerdings nicht: Schon etwa 700 vor Christus kann man bei Hesiod, einem antiken Dichter, nachlesen, „vor Verdienst aber setzten den Schweiß die unsterblichen Götter". Ausnahmekarrieren fallen nicht vom Himmel, und allein mit positivem Denken kommt man auch nicht weit. Heute sagen wir, man müsse „die Komfortzone verlassen". Das gilt meiner Erfahrung nach auch und gerade im Vertrieb. Wer sich weiterentwickeln will, muss hin und wieder an seine Grenzen stoßen – und sie mutig überwinden.

Als Trainer stelle ich das immer wieder fest, etwa wenn im Seminar die richtige Form der Empfehlungsansprache diskutiert wird. Wie kommt es, dass mancher Berater sich im Kundengespräch jahrelang lieber ganz vor dem Thema „Weiterempfehlung" drückt, während ein anderer es schafft, sehr schnell ausschließlich auf Empfehlungsbasis zu arbeiten? Ich behaupte: Die Unsicherheit ist die gleiche, nur der erste stellt sich seinem Unbehagen, während der zweite davor kapituliert. Hartnäckigkeit und Ausdauer zahlen sich immer noch aus, das meinen auch so unterschiedliche Ausnahmepersönlichkeiten wie Ernest Hemingway oder Lee Iacocca. Doch lesen Sie selbst ...

Geistesblitze für Ihren Erfolg

Nach den Gesetzen der Aerodynamik kann eine Hummel auf Grund ihres Gewichtes und ihrer Flügelfläche nicht fliegen. Die Hummel weiß das aber nicht – und fliegt einfach.

Verfasser unbekannt

Für Optimisten ist das Leben kein Problem, sondern bereits die Lösung.

Marcel Pagnol

Immer schön reich bleiben.

Robbie Williams

Nicht mit Erfindungen, sondern mit Verbesserungen macht man Vermögen.

Henry Ford

Das Wissen um den richtigen Zeitpunkt ist oft der halbe Erfolg.

Maurice Couve de Murville

Die Zukunft soll man nicht voraussehen wollen, sondern möglich machen.

Antoine de Saint Exupéry

Der Worte sind genug gewechselt,
lasst mich auch endlich Taten sehn!

Johann Wolfgang von Goethe (aus „Faust")

Talente finden Lösungen, Genies entdecken Probleme.

Hans Krailsheimer

Mut ist nichts anderes als die Angst, die man nicht zeigt.

Sergio Leone

Der Mutige erschrickt *nach* der Gefahr, der Furchtsame *vor* ihr, der Feigste *in* ihr.

Jean Paul

Man muss das Brett bohren, wo es am dicksten ist.

Friedrich Schlegel

Wähle einen Beruf, den du liebst, und du brauchst niemals in deinem Leben zu arbeiten.

Konfuzius

Verfüge nie über Geld, ehe du es hast.

                              Thomas Jefferson

Der Kaufmann hat in der ganzen Welt dieselbe Religion.

                              Heinrich Heine

Lernen ist wie Rudern gegen den Strom. Sobald man aufhört, treibt man zurück.

                              Laotse

Damit das Mögliche entsteht, muss immer das Unmögliche versucht werden.

                              Hermann Hesse

Lieber ein kleiner Herr als ein großer Knecht.

                              Italienisches Sprichwort

Du bist deine eigene Grenze, erhebe dich darüber.

                              Hafis

Management ist die schöpferischste aller Künste – die Kunst, Talente richtig einzusetzen.

                              Robert Strange McNamara

Kein Sieger glaubt an den Zufall.

Friedrich Nietzsche

Lust und Liebe sind die Fittiche zu großen Taten.

Johann Wolfgang von Goethe

Es ist nie zu spät, das zu werden, was man hätte sein können.

George Sand

Das gefährlichste aller Rauschgifte ist der Erfolg.

Billy Graham

Erfolge resultieren oft aus Fehlern, die bei der Konkurrenz gemacht werden.

Pamphilius Pfyffer

Werde, der du bist!

Friedrich Nietzsche

Aller Anfang ist leicht, und die letzten Stufen werden am schwersten und seltensten erstiegen.

Johann Wolfgang von Goethe

Erfolg ist die logische Konsequenz der Überwindung von Bequemlichkeit.
Glück ist kein planbares Leistungsergebnis.

Roger Rankel

Die Tüchtigen, die sich ihren Karrieretraum erfüllen und in den Bereich der Millionen-Dollar-Gehälter vordringen, kommen stets aus dem Volk der emsigen Bienen. Das sind die Jungs, die von Anfang an mehr tun, als von ihnen erwartet wird. Anders als die neunmalklugen Grübler geben sie immer ihr Bestes.

Lee Iacocca

Die Welt verlangt nicht, dass du Anwalt, Priester, Arzt, Bauer, Wissenschaftler oder Händler wirst. Sie schreibt dir auch nicht vor, was du tun sollst. Aber sie verlangt, dass du Meister wirst in dem, wozu du dich entschließt.

Orison Swett Marden

Der Mensch hat dreierlei Wege, klug zu handeln:

erstens durch Nachdenken, das ist der edelste;

zweitens durch Nachahmen, das ist der leichteste;

drittens durch Erfahrung, das ist der bitterste.

Konfuzius

Niemand weiß, was in ihm drinsteckt, solange er nicht versucht hat, es herauszufinden.

Ernest Hemingway

Erfolg ist rumspielen, Glück haben und Maul halten.

Albert Einstein (sinngemäß)

Menschen sind erfolgreiche Persönlichkeiten, wenn sie mit anderen Menschen umgehen können.

Roger Rankel

Für jeden Menschen kommt einmal der Augenblick, wo er sein Leben ändern muss, um sich aufs Wesentliche zu konzentrieren.

Grigori Baklanow

Nicht allen alles bieten, sondern wenigen
vieles.

Adrian Stadler

Es ist leichter, zum Mars vorzudringen,
als zu sich selbst.

Carl Gustav Jung

Zeig mir einen Menschen, der genau weiß,
was er will, und ich zeige dir einen Gewinner.

Verfasser unbekannt

Der Erfolgreiche bekommt, was er will.
Der Glückliche schätzt, was er bekommt.

Verfasser unbekannt

Eine Chance ist keine Kunst. Die Kunst ist,
die richtige Chance zu nutzen.

Verfasser unbekannt

Wer eine Schlacht gewinnen will, muss
denken, dass er der Sieger ist. Man kann eine
Schlacht auch verlieren, wenn man denkt,
man ist der Sieger. Aber man kann nie und
nimmer gewinnen, wenn man sich für einen
Verlierer hält.

Roman Polanski

Es ist leichter zu verlieren, als zu gewinnen.
Aber ich kenne keinen Verlierer, der auf sich
stolz sein kann.

Verfasser unbekannt

Schaffen begrenzt das Gesichtsfeld,
Betrachten erweitert es.

Oscar Wilde

Lernen ohne zu denken, ist verlorene Arbeit.
Denken ohne zu lernen, ist gefährlich.

Konfuzius

Wo es hart wird durchzuhalten, halten die
Harten durch.

Napoleon Hill

Wer nichts getan hat, ist niemand.

Jean-Paul Sartre

Nicht die Stärksten überleben oder die
Intelligentesten, sondern die am meisten
bereit zum Wandel sind.

Charles Darwin

Wer nicht auf das Kleine schaut, scheitert am Großen.

Laotse

Die Neigung der Menschen, kleine Dinge für wichtig zu halten, hat sehr viel Großes hervorgebracht.

Georg Christoph Lichtenberg

Knüpfen Sie Beziehungen, als hinge Ihr Leben davon ab – denn das tut es.

Alfred J. Kremer

Wenn ich nicht verliere, kann der andere nicht gewinnen.

Boris Becker

Authentizität ist die Stimmigkeit zwischen der veranlagten Persönlichkeitsstruktur und dem erlernten Verhalten.

Jürgen Schoemen

Sichere Treffer im Kundengespräch

Ich habe einen ganz einfachen Geschmack:
Ich bin immer mit dem Besten zufrieden.

Oscar Wilde

Wenn du einmal Erfolg hast, kann es Zufall sein.

Wenn du zweimal Erfolg hast, kann es Glück sein.

Wenn du dreimal Erfolg hast, so ist es Fleiß und Tüchtigkeit.

Sprichwort aus der Normandie

Das Gute ist der Feind des Besseren.

Verfasser unbekannt

Der Pessimist klagt über den Wind, der Optimist hofft, dass der Wind sich dreht, und der Realist hisst die Segel.

William A. Ward

Der Gedanke, etwas nicht zu riskieren, ängstigt mich zu Tode.

Kevin Costner

Ich prüfe jedes Angebot. Es könnte das Angebot meines Lebens sein.

Henry Ford

Verdopple die Vorbereitung, halbiere die Durchführung.

Alfred J. Kremer

Nicht das Beginnen, sondern das Durchhalten wird belohnt.

Verfasser unbekannt

Der Kluge lernt aus seinen Fehlern,
der Weise lernt aus den Fehlern der anderen,
der Narr lernt weder aus dem einen noch aus dem anderen.

Verfasser unbekannt

Lachen ist die beste Brücke zum Kunden

(... und Humor ist der Knopf, der verhindert, dass uns der Kragen platzt.)

Dass Humor der Knopf sei, der verhindert, dass uns der Kragen platzt, meinte jedenfalls Joachim Ringelnatz. Er liefert damit auch ein gutes Rezept für den Alltag in Vertrieb und Marketing – schließlich erfordern unschlüssige Kunden, unzuverlässige Lieferanten oder unerreichbare Zielvorgaben öfter die gute Miene zum bösen Spiel. Mit Gelassenheit kommt man allemal weiter als weiter mit Temperamentsausbrüchen, gerade im Umgang mit Kunden. Denn der Kunde hat immer Recht, wie Gordon Selfridge, der Gründer des gleichnamigen Kaufhauses, schon vor Jahrzehnten erkannte.

Humor ist zudem ein wunderbares (und viel zu selten gebrauchtes) Instrument im Kundengespräch. Kaum etwas verbindet zwei Menschen schneller und unkomplizierter, als zusammen über etwas zu lachen. Ein Scherz kann eine Situation entkrampfen, Gemeinsamkeit stiften, einen persönlichen Draht knüpfen. Und ob ein (Verkaufs-)Gespräch glückt, entscheidet sich nicht auf der fachlichen Ebene, sondern auf der Beziehungsebene; das hat sich inzwischen herumgesprochen. Ein guter Verkäufer bringt natürlich auch Sachkompetenz mit, aber ohne soziale Kompetenz werden die Erfolge ausbleiben. Mit ein paar Standardwitzchen oder angestaubten Schenkelklopfern ist es indes nicht getan. Gerade bei anspruchsvollen Kunden sollten Sie die Pointen gekonnt setzen. Einige Anregungen finden Sie in diesem Kapitel.

Geistesblitze für Ihren Erfolg

Ein Tag ohne Lachen ist ein verlorener Tag.
Charlie Chaplin

Wer Peanuts bezahlt, wird nur Affen anheuern.
Verfasser unbekannt

Arbeit, die: eines der Verfahren, durch die
A Eigentum für B erwirbt.
Ambrose Bierce

Ich stehe Statistiken etwas skeptisch
gegenüber. Denn laut Statistik haben ein
Millionär und ein armer Schlucker je eine
halbe Million.
Franklin Delano Roosevelt

Fünfzig Prozent bei der Werbung sind immer
rausgeworfen. Man weiß bloß nicht, welche
Hälfte das ist.
Henry Ford

Wenn ich eine rosarote Brille trage, wird aus
einem Eisbär noch lange keine Himbeere.
Franz Josef Strauß

Jeder Mensch hat ein Brett vor dem Kopf –
es kommt nur auf die Entfernung an.

Marie von Ebner-Eschenbach

Der Vorteil der Klugheit besteht darin, dass man sich dumm stellen kann. Das Gegenteil ist schon schwieriger.

Kurt Tucholsky

In einen hohlen Kopf geht viel Wissen.

Karl Kraus

Eine Bank ist eine Einrichtung, von der Sie sich Geld leihen können – vorausgesetzt, Sie können nachweisen, dass Sie es nicht brauchen.

Mark Twain

Moral ist gut, Erbschaft ist besser.

Theodor Fontane

Vielleicht verdirbt Geld den Charakter ... Auf keinen Fall aber macht Mangel an Geld ihn besser.

John Steinbeck

Regierungen nehmen Steuern wie Imker
den Honig und teilen ihren Völkern
Zuckerwasser zu.

Margret Genth

In zweifelhaften Fällen entscheide man sich für
das Richtige.

Karl Kraus

Arbeiten ist eine so faszinierende Sache, dass
ich anderen stundenlang dabei zuschauen
könnte.

Jerome K. Jerome

Operative Hektik ersetzt geistige Windstille.

Verfasser unbekannt

Sie wollten es nicht gut, sie wollten es
Mittwoch.

Robert A. Heinlein

Chancen gehen nie verloren. Die man selbst
versäumt, nutzen andere.

Verfasser unbekannt

Man muss die Tatsachen kennen, bevor man sie verdrehen kann.

Mark Twain

Der Neid ist die aufrichtigste Form der Anerkennung.

Wilhelm Busch

Geizhälse sind unangenehme Zeitgenossen, aber angenehme Vorfahren.

Verfasser unbekannt

Gute Ratschläge soll man weitergeben. Einem selbst nützen sie nie etwas.

Oscar Wilde

Adam ist der einzige Mensch, dem man kein Plagiat nachweisen kann.

Alfred Oder

Ein Berater ist jemand, der dir die Armbanduhr wegnimmt, um dir zu sagen, wie spät es ist.

Roy Kinnear

Wer behauptet, dass man Glück nicht mit Geld kaufen kann, weiß bloß nicht, wo er einkaufen soll.

Verfasser unbekannt

Große Gedanken brauchen nicht nur Flügel,
sondern auch ein Fahrgestell zum Landen.

Neil Armstrong

Ich habe keine Zeit, mich zu beeilen.

Igor Strawinsky

Für das große Chaos haben wir Computer.
Die übrigen Fehler machen wir per Hand.

Verfasser unbekannt

Kriege und Geschäftsbücher werden mit Gott
geführt.

Karl Kraus

Vertraue auf Allah, aber binde dein Kamel an.

Ägyptisches Sprichwort

Mancher ist von den Antworten so fasziniert,
dass er die Fragen dazu erfindet.

Samuel Beckett

Das Finanzamt ist eine schmerzliche Realität,
die uns daran erinnert, dass der Staat keine
bloße Fiktion ist.

Arthur Miller

Banken sind gefährlicher als stehende Armeen.

Thomas Jefferson

Geld, das: Segen, der nur Vorteile bringt, wenn wir uns seiner entäußern.

Ambrose Bierce

Ein reicher Mann ist oft nur ein armer Mann mit sehr viel Geld.

Aristoteles Onassis

Reich ist man dann, wenn man nicht mehr weiß, wozu man sein Geld verdient.

Frank Sinatra

Was nützt es, einem Gaul die Sporen zu geben, der schneller in die falsche Richtung läuft?!

Jürgen Schoemen

Sichere Treffer im Kundengespräch

Jeder kann reich sterben, wenn er sich entschließt, arm zu leben.

Michael Broadbent

Ein kluger Mann macht nicht alle Fehler selbst. Er gibt auch anderen eine Chance.

Winston Churchill

Geld ist nur wichtig, wenn man es nicht hat.

Harrison Ford

Versuchungen sollte man nachgeben.
Wer weiß, ob sie wiederkommen.

Oscar Wilde

Wirtschaftswissenschaft ist das einzige Fach, in dem jedes Jahr auf dieselben Fragen andere Antworten richtig sind.

Danny Kaye

Nur wer Zick-Zack denkt, weiß, wie der Hase läuft.

Verfasser unbekannt

Vor dem Recht sind alle gleich. Aber nicht vor den Rechtssprechern.

Stanislaw Jerzy Lec

Toren und gescheite Leute sind gleich unschädlich. Nur die Halbnarren und Halbweisen, das sind die gefährlichsten.

Johann Wolfgang von Goethe

Neue Besen kehren gut, aber die alten kennen die Ecken.

Verfasser unbekannt

Banker sind Menschen, die bei schönem Wetter Regenschirme verleihen, um sie bei den ersten Regentropfen wieder einzusammeln.

Verfasser unbekannt

Die Angst vor Langeweile ist die einzige Entschuldigung für Arbeit.

Jules Renard

Marketing heißt, den Hühnern die Füße platt zu schlagen und sie dann als Enten zu verkaufen.

Verfasser unbekannt

Ausklang:
Das Spiel mit den Worten

Also gut, Sie haben sich vor einiger Zeit entschieden, dieses Büchlein zu lesen und damit eine Entscheidung getroffen. Ent-scheiden kommt von scheiden – zweiteilen. Zwei Teile!

Zweifel, ob das so richtig ist? Zwei Fälle. Fall eins sagt ja, Fall zwei sagt nein – und deshalb hat man Zweifel. Finden Sie das merkwürdig? Würdig, sich zu merken? Warum nicht? In der Wortgruppierung von merkwürdig gibt es auch noch denkwürdig. Würdig, darüber einmal nachzudenken.

Ich liebe dieses Spiel mit den Worten und setze es in Trainings und Vorträgen immer wieder ein. Es erweist sich dabei immer wieder als wunderbares Mittel, Dinge zu ver-mitteln.

Reicht es Ihnen nun endgültig? Ist das also jetzt am Ende gültig? Dann möchte ich Ihnen nur noch Folgendes mit auf den Weg geben:

Nicht die Sprüche sind es, woran es fehlt; die Bücher sind davon voll. Woran es fehlt, sind die Menschen, die sie anwenden.

Epiktet

Verzeichnis der Verfasser

Amery, Carl (1922–2005): deutscher Schriftsteller und Publizist

Aristoteles (384–322 v. Chr.): griechischer Philosoph und Erzieher Alexanders des Großen

Armstrong, Neil (*1930): amerikanischer Astronaut; betrat 1969 als erster Mensch den Mond

Augustinus (354–430): abendländischer Kirchenvater und Bischof; Verfasser der „Confessiones"

Bach, Richard (*1936): amerikanischer Pilot und Schriftsteller („Die Möwe Jonathan")

Baker, Josephine (1906–1975): französische Tänzerin und Sängerin

Baklanow, Grigori (*1923): russischer Schriftsteller

Balzac, Honoré de (1799–1850): französischer Schriftsteller („Tolldreiste Geschichten", „Vater Goriot", „Die menschliche Komödie")

Becker, Boris (*1967): deutscher Tennisspieler und dreifacher Wimbledon-Sieger (erstmals 1985 mit 17 Jahren bis dato jüngster Gewinner)

Beckett, Samuel (1906–1989): irisch-französischer Schriftsteller und Dramatiker („Warten auf Godot")

Bell, Alexander Graham (1847–1922): amerikanischer Physiologe schottischer Herkunft; ließ 1876 als Erster das Telefon patentieren und galt lange Zeit als dessen Erfinder

Bettger, Frank: amerikanischer Erfolgsverkäufer und Autor des Bestsellers „Lebe begeistert und gewinne"

Bierce, Ambrose (1842–1914): amerikanischer Schriftsteller und Satiriker („Des Teufels Wörterbuch")

Bloch, Ernst (1885–1977): deutscher Philosoph („Das Prinzip Hoffnung")

Braun, Wernher von (1912–1977): Physiker und Raketeningenieur deutscher Herkunft; ab 1945 in den USA; Mitarbeiter der NASA

Broadbent, Michael (*1927): Weinexperte und Verfasser zahlreicher Bücher zum Thema Wein

Buddha (560–ca. 480 v. Chr.): Stifter des Buddhismus

Busch, Wilhelm (1832–1908): deutscher Dichter, Zeichner und Maler („Max und Moritz", „Maler Klecksel")

Camus, Albert (1913–1960): französischer Schriftsteller; 1957 Literaturnobelpreis („Die Pest")

Carlyle, Thomas (1795–1881): schottischer Essayist und Historiker

Carnegie, Dale (1888–1955): amerikanischer Bestsellerautor und Persönlichkeitstrainer („Wie man Freunde gewinnt")

Chamfort, Nicolas (1741–1794): französischer Schriftsteller und Dramatiker; Mitglied der Académie française

Chaplin, Charlie (1889–1977): britischer Schauspieler und (ab 1914) Filmkomiker in Hollywood („The Tramp", „Der große Diktator")

Chödrön, Pema (*1936): buddhistische Nonne und Schriftstellerin; erste Amerikanerin, die zur Leiterin eines tibetisch buddhistischen Klosters ernannt wurde

Churchill, Sir Winston (1874–1965): britischer Staatsmann; 1940–1945 und 1951–1955 Premierminister; 1953 Nobelpreis für Literatur

Cicero, Marcus Tullius (106–43 v. Chr.): römischer Philosoph, Staatsmann und Redner

Clarin, Hans (1929–2005): deutscher Schauspieler, Komödiant, Sprecher und Synchronsprecher („Pumuckl")

Cosby, Bill (*1937): amerikanischer Schauspieler („Mit Tennisschläger und Kanonen", „Die Bill Cosby Show")

Costner, Kevin (*1955): amerikanischer Schauspieler („Der mit dem Wolf tanzt", „Bodyguard")

Couve de Murville, Maurice (1907–1999): französischer Politiker; 1958–1968 Außenminister

Dante Alighieri (1265–1321): italienischer Dichter („Divina Commedia")

Darwin, Charles (1809–1882): britischer Naturforscher und Begründer der Evolutionstheorie („Über die Entstehung der Arten durch natürliche Zuchtwahl")

Davidoff, Zino (1906–1994): Schweizer Unternehmer ukrainischer Abstammung; Hersteller exklusiver Zigarren

Deffand, Marie-Anne du (1697–1780): französische Salondame, zu deren Zirkel unter anderem Voltaire und Montesquieu gehörten

Dürrenmatt, Friedrich (1921–1990): Schweizer Dramatiker und Erzähler („Der Richter und sein Henker", „Der Besuch der alten Dame")

Ebner-Eschenbach, Marie von (1830–1916): österreichische Erzählerin und Aphoristikerin („Dorf- und Schlossgeschichten")

Edison, Thomas Alva (1847–1931): amerikanischer Erfinder (zum Beispiel Glühlampe, Kinematograph); meldete über 1000 Patente an

Einstein, Albert (1879–1955): deutscher Physiker und Nobelpreisträger (1921); 1933 Emigration in die USA; 1940 amerikanischer Staatsbürger

Eisenhauer, Dwight D. (1890–1969): amerikanischer General und Politiker; 1953–1961 Präsident der USA

Epiktet (50–138): griechischer Philosoph

Feichtinger, Peter (keine Informationen verfügbar)

Feuchtersleben, Ernst von (1806–1849): österreichischer Schriftsteller, Arzt und Philosoph

Foldes, Andor (1913–1992): amerikanischer Pianist und Dirigent ungarischer Herkunft

Fontane, Theodor (1819–1898): deutscher Schriftsteller („Effi Briest", „Der Stechlin")

Ford, Harrison (*1942): amerikanischer Schauspieler („Star Wars", „Indiana Jones")

Ford, Henry (1863–1947): amerikanischer Konstrukteur und Automobilhersteller; Gründer der Ford Motor Company (1903)

Franklin, Benjamin (1706–1790): amerikanischer Politiker, Schriftsteller und Naturwissenschaftler; Mitunterzeichner der Unabhängigkeitserklärung und Erfinder des Blitzableiters

Frisch, Max (1911–1991): Schweizer Schriftsteller und Dramatiker („Stiller", „Homo faber", „Herr Biedermann und die Brandstifter")

Fröhling, Carl Peter (*1933): deutscher Germanist, Philosoph und Aphoristiker

Galilei, Galileo (1564–1642): italienischer Mathematiker, Physiker und Philosoph; unterstützte das heliozentrische Weltbild von Kopernikus und widerrief unter dem Druck der Inquisition

Gandhi, Mahatma (1869–1948): Führer der indischen Unabhängigkeitsbewegung und Begründer des gewaltlosen Widerstandes

García Márquez, Gabriel (*1928): kolumbianischer Schriftsteller, 1982 Nobelpreis für Literatur („Hundert Jahre Einsamkeit", „Liebe in Zeiten der Cholera")

Genth, Margret: zeitgenössische Lyrikerin

Getty, John Paul (1892–1976): amerikanischer Industrieller, Milliardär und Kunstsammler; Gründer des J. Paul Getty Museums (Kalifornien)

Gibran, Khalil (1883–1931): libanesischer Dichter und Philosoph

Gide, André (1869–1951): französischer Schriftsteller; Literaturnobelpreis 1947 („Stirb und werde"; „Die Falschmünzer")

Goethe, Johann Wolfgang von (1749–1832): bedeutender deutscher Dichter („Die Leiden des jungen Werthers", „Faust", „Wilhelm Meister", „Italienische Reise", „Dichtung und Wahrheit")

Goldwyn, Samuel (1882–1974): amerikanischer Filmproduzent polnischer Herkunft; Mitbegründer der Filmstudios Paramount (1913) und Metro Goldwyn Mayer

Gotthelf, Jeremias (1797–1854): Schweizer Erzähler und Pfarrer („Der Bauernspiegel", „Uli der Knecht")

Graf, Steffi (*1969): deutsche Tennisspielerin und dreifache Wimbledon-Siegerin, 1988 Olympiasiegerin

Graham, Billy (*1918): amerikanischer Evangelist und einflussreicher Erweckungsprediger

Guinness, Sir Alec (1914–2000): britischer Schauspieler, Charakterdarsteller und Oscar-Preisträger („Die Brücke am Kwai")

Hafis (1326–1389): persischer Dichter; inspirierte Goethe zu seinem „West-östlichen Diwan"

Hauptmann, Gerhart (1862–1946): deutscher Dichter; 1912 Nobelpreis für Literatur („Die Weber", „Bahnwärter Thiel")

Hebbel, Friedrich (1813–1863): deutscher Dramatiker („Marie Magdalene", „Judith")

Heine, Heinrich (1797–1856): deutscher Dichter und Publizist („Buch der Lieder", „Deutschland. Ein Wintermärchen")

Heinemann, Gustav W. (1899–1976): deutscher Politiker, 1969–1974 Bundespräsident

Heinlein, Robert A. (1907–1988): amerikanischer Science-Fiction-Autor („Sternenkrieger", „Die grünen Hügel der Erde")

Hemingway, Ernest (1899–1961): amerikanischer Schriftsteller; 1954 Nobelpreis für Literatur („Fiesta", „Der alte Mann und das Meer")

Hesse, Hermann (1877–1962): deutscher Dichter; 1946 Nobelpreis für Literatur („Der Steppenwolf", „Siddharta")

Hill, Napoleon (1883–1970): amerikanischer Erfolgsautor und Vertreter des positiven Denkens („Denke nach und werde reich")

Horaz (65–8 v. Chr.): römischer Dichter (Satiren, „Ars poetica")

Hugo, Victor (1802–1885): französischer Dichter („Der Glöckner von Notre Dame", „Die Elenden"); Mitglied der Nationalversammlung und des Senats

Humboldt, Wilhelm von (1767–1835): deutscher Philosoph und Sprachforscher; preußischer Staatsmann

Huxley, Aldous (1894–1963): britisch-amerikanischer Schriftsteller, Essayist und Kulturkritiker („Schöne neue Welt")

Iacocca, Lee (*1924): amerikanischer Erfolgsmanager; 1970–1978 Präsident der Ford Motor Company, danach Vorstandsvorsitzender der Chrysler Corporation

Jahn, Friedrich Ludwig (1778–1852): deutscher Pädagoge und Politiker; initiierte als „Turnvater Jahn" die Turnerbewegung in Deutschland; 1848 Abgeordneter der Frankfurter Nationalversammlung

Jean Paul (1763–1825): deutscher Dichter („Siebenkäs", „Titan", „Vorschule der Ästhetik")

Jefferson, Thomas (1743–1826): amerikanischer Staatsmann; Verfasser der Unabhängigkeitserklärung (1776); dritter Präsident der USA (1801–1809)

Jerome, Jerome K. (1859–1927): britischer Schriftsteller („Drei Mann in einem Boot")

Jung, Carl Gustav (1875–1961): Schweizer Psychoanalytiker und Begründer einer eigenen psychoanalytischen Lehre in Abgrenzung zu Sigmund Freud

Jünger, Ernst (1895–1998): deutscher Schriftsteller („In Stahlgewittern")

Kafka, Franz (1883–1924): bedeutender deutschsprachiger Schriftsteller („Der Prozess", „Das Urteil", „Das Schloss"); geboren in Prag

Kasper, Hans (1916–1990): deutscher Schriftsteller, Hörspielautor und Aphoristiker

Kaye, Danny (1913–1987): amerikanischer Schauspieler, Komiker und Sänger russischer Herkunft („Der Hofnarr", „White Christmas")

Kettering, Charles Franklin (1876–1958): amerikanischer Ingenieur und Erfinder (unter anderem des elektrischen Anlassers)

Kinnear, Roy (1934–1988): britischer Schauspieler

Kissinger, Henry Alfred (*1923): amerikanischer Politiker; 1973–1977 Außenminister; 1973 Friedensnobelpreis

Konfuzius (551–479 v. Chr.): chinesischer Philosoph und Begründer des Konfuzianismus (bis 1912 chinesische Staatsdoktrin)

Krailsheimer, Hans (1988–1958): deutscher Schriftsteller und Aphoristiker

Kraus, Karl (1874–1936): österreichischer Schriftsteller, Sprach- und Gesellschaftskritiker (Herausgeber der Zeitschrift „Die Fackel", „Die letzten Tage der Menschheit")

Kremer, Alfred J. (*1961): Vertriebsexperte und Buchautor; langjähriger Vertriebsvorstand in der Finanzdienstleistungsbranche; Gründer und geschäftsführender Gesellschafter der Multiconsult GmbH

Laotse (vermutlich 3. oder 4. Jh. v. Chr.): chinesischer Philosoph; Begründer des Daoismus

Lec, Stanislaw Jerzy (1909–1966): polnischer Lyriker; veröffentlichte 1959 Aphorismen unter dem Titel „Unfrisierte Gedanken"

Lembke, Robert (1913–1989): deutscher Journalist und Quizmaster („Was bin ich?" als „heiteres Beruferaten" von 1955 bis 1988)

Leone, Sergio (1929–1989): italienischer Filmregisseur und Erfinder des „Spaghetti-Westerns" („Spiel mir das Lied vom Tod", „Für eine Handvoll Dollar")

Lichtenberg, Georg Christoph (1742–1799): deutscher Experimentalphysiker und Schriftsteller; Autor zahlreicher Aphorismen

Machiavelli, Niccolò (1469–1527): italienischer Schriftsteller und florentinischer Staatsdiener („Il principe"/„Der Fürst")

Mandela, Nelson (*1918): südafrikanischer Bürgerrechtler; Schlüsselfigur im Widerstand gegen die Apartheid; 1964–1990 in Haft; 1994–1999 Staatspräsident

Mann, Thomas (1875–1955): deutscher Schriftsteller; 1929 Nobelpreis für Literatur; seit 1944 amerikanischer Staatsbürger („Buddenbrooks", „Tod in Venedig", „Der Zauberberg")

Marden, Orison Swett (1850–1924): amerikanischer Bestsellerautor und Begründer des US-Magazins „Success"

Mark Aurel (121–180): römischer Kaiser

McNamara, Robert Strange (*1916): amerikanischer Manager und Politiker; 1960 Präsident der Ford Motor Company; 1961–1968 Verteidigungsminister; 1968–1981 Präsident der Weltbank

Mewes, Wolfgang (*1924): Begründer der „Engpasskonzentrierten Verhaltens- und Führungsstrategie (EKS)"

Miller, Arthur (1915–2005): amerikanischer Schriftsteller und Dramatiker („Tod eines Handlungsreisenden", „Hexenjagd")

Miller, Oskar von (1855–1934): deutscher Techniker und Mitgründer der „Deutschen Edison-Gesellschaft für angewandte Elektricität" (später: AEG)

Montherlant, Henry de (1896–1972): französischer Schriftsteller („Die Tiermenschen", „Erbarmen mit den Frauen")

Morgenstern, Christian (1871–1914): deutscher Schriftsteller („Galgenlieder", „Palmström") und Verfasser von Kinderliedern und Aphorismen

Mutter Teresa (1910–1997): aus Mazedonien stammende Nonne und Ordensgründerin; lebte mit den Armen in den Slums von Kalkutta; 1979 Friedensnobelpreis; 2003 Seligsprechung

Napoléon Bonaparte (1769–1821): französischer Feldherr und Kaiser (1804–1814/15)

Nietzsche, Friedrich (1844–1900): deutscher Philosoph und Verfechter des „Übermenschen"

Oder, Alfred: deutscher Publizist

Onassis, Aristoteles (1906–1975): griechischer Reeder und Milliardär

Ossietzky, Carl von (1889–1938): deutscher Publizist und Chefredakteur der Zeitschrift „Die Weltbühne"; 1935 Friedensnobelpreis; 1933–1936 in Gestapo-Haft, an deren Folgen er starb

Pagnol, Marcel (1895–1974): französischer Schriftsteller und Regisseur; Mitglied der Académie française

Papst Johannes Paul I (1912–1978): wurde 1978 zum Papst gewählt und verstarb noch im gleichen Jahr

Pascal, Blaise (1623–1662): französischer Mathematiker, Physiker und Philosoph („Pensées")

Pfyffer, Pamphilius: zeitgenössischer Buchautor und Aphoristiker („Sinn und Unsinn auf dem Weg ins Geschäft")

Picabia, Francis (1879–1953): französischer Maler; Vertreter kubistisch-futuristischer und figurativer Malerei

Picasso, Pablo (1881–1973): spanischer Maler und Bildhauer; einer der weltweit wichtigsten Vertreter moderner Malerei, der in zahlreichen Stilrichtungen arbeitete

Platon (428–348 v. Chr.): griechischer Philosoph und Schüler von Sokrates; zahlreiche Werke in Dialogform („Der Staat", „Nomoi")

Polanski, Roman (*1933): polnischer Filmregisseur und Schauspieler; seit 1976 französischer Staatsbürger („Tanz der Vampire", „Rosemaries Baby")

Radbruch, Gustav (1878–1949): deutscher Jurist und Politiker; Reichsjustizminister in der Weimarer Republik; 1933 als Juraprofessor durch die Nationalsozialisten amtsenthoben

Renard, Jules (1864–1910): französischer Schriftsteller („Rotfuchs")

Ringelnatz, Joachim (1883–1934): deutscher Schriftsteller, Kabarettautor und Maler („Die Schnupftabaksdose", „Turngedichte")

Roosevelt, Franklin Delano (1882–1945): amerikanischer Politiker; 1933–1945 Präsident der USA; Begründer des Reformprogramms „New Deal"

Saint-Exupéry, Antoine de (1900–1944): französischer Schriftsteller und Pilot; 1944 über dem Mittelmeer abgeschossen („Nachtflug", „Der kleine Prinz")

Sand, George (1804–1876): französische Schriftstellerin und Lebensgefährtin von Frédéric Chopin („Lelia", „Geschichte meines Lebens")

Sartre, Jean-Paul (1905–1980): französischer Philosoph und Schriftsteller; Mitglied der Résistence; Lebensgefährte von Simone de Beauvoir; Vertreter des Existenzialismus („Das Sein und das Nichts")

Sauerbruch, Ferdinand (1875–1951): deutscher Chirurg und Verfasser einer sehr erfolgreichen Autobiographie („Das war mein Leben")

Savas, Kool (*1975): deutsch-türkischer Rap-Musiker

Schlegel, Friedrich (1772–1829): deutscher Dichter, Literaturtheoretiker und Ästhetiker („Lucinde", „Gespräch über die Poesie")

Schmidt, Helmut (*1918): Bundesverteidigungsminister 1969–1972; Bundesfinanzminister 1972–1974; Bundeskanzler 1974–1982; seit 1983 Mitherausgeber der „ZEIT"

Schnitzler, Arthur (1862–1931): österreichischer Schriftsteller und Dramatiker („Lieutenant Gustl", „Reigen", „Fräulein Else")

Schoemen, Jürgen (*1946): Mitglied der Geschäftsführung Mewes-System (EKS), Inhaber der Juergen Schoemen Consulting – Internationale Management-Beratung

Schur, Wolfgang (*1961): deutscher Autor und Unternehmensberater („Wahnsinnskarriere")

Schwarzenegger, Arnold (*1947): österreichischer Schauspieler („Conan – der Barbar", „Terminator) und Politiker; 1967 Mister Universum; seit 1997 amerikanischer Staatsbürger; seit 2003 Gouverneur von Kalifornien

Schweitzer, Albert (1875–1965): elsässischer Arzt, evangelischer Theologe und Philosoph; Gründer des Tropenhospitals Lambaréné; 1952 Friedensnobelpreis

Seneca (4 v. Chr.–65 n. Chr.): römischer Philosoph, Dichter und Politiker

Shakespeare, William (1564–1616): bedeutender englischer Dichter und bis heute meistgespielter Dramatiker („Ein Sommernachtstraum", „Viel Lärm um nichts", „Hamlet", „Othello", „Macbeth")

Sinatra, Frank (1915–1998): amerikanischer Sänger, Schauspieler und Entertainer („New York, New York", „Strangers in the Night", „My Way")

Stadler, Adrian (keine Informationen verfügbar)

Steinbeck, John (1902–1968): amerikanischer Schriftsteller; Verfasser sozialkritischer Romane („Früchte des Zorns", „Jenseits von Eden"); 1962 Nobelpreis für Literatur

Strauß, Franz Josef (1915–1988): deutscher Politiker; Mitbegründer der CSU; 1956–1962 Verteidigungsminister; 1966–1969 Finanzminister; 1978–1988 Ministerpräsident von Bayern

Strawinsky, Igor (1882–1971): amerikanischer Komponist russischer Herkunft („Ballets Russes", „Oedipus rex", „Psalmensinfonie")

Tati, Jacques (1907–1982): französischer Schauspieler, Komiker und Filmregisseur („Tatis Schützenfest", „Die Ferien des Monsieur Hulot")

Thoreau, Henry David (1817–1862): amerikanischer Schriftsteller und enger Freund Ralph Waldo Emersons („Walden")

Thurber, James (1894–1961): amerikanischer Schriftsteller und Zeichner (Satiren, Fabeln, Erzählungen und Essays)

Tucholsky, Kurt (1890–1935): deutscher Schriftsteller, Satiriker und Journalist; Mitarbeiter der Zeitschrift „Die Weltbühne" („Deutschland, Deutschland über alles!", „Schloss Gripsholm", „Rheinsberg")

Twain, Mark (1835–1910): amerikanischer Schriftsteller und Humorist („Abenteuer und Fahrten des Huckleberry Finn", „Die Abenteuer Tom Sawyers", „Leben auf dem Mississippi")

Uhlenbruck, Gerhard (*1929): deutscher Arzt, Immunologe und Aphoristiker („Der Klügere gibt nicht nach", „Der Zweck heiligt die Kittel")

Ward, William A. (1921–1994): amerikanischer Autor und Theologe („Thoughts of a Christian Optimist")

Weick, Günter (*1958): deutscher Autor und Unternehmensberater („Wahnsinnskarriere")

Wilde, Oscar (1854–1900): irischer Schriftsteller und Dramatiker („Dorian Gray", „Lady Windermeres Fächer", „Ein idealer Gatte")

Williams, Robbie (*1974): englischer Popstar; 1990–1995 Mitglied der Boygroup „Take That"; seit 1995 Solo-Entertainer („Angels", „Sing When You're Winning")

Zweig, Stefan (1881–1942): österreichischer Schriftsteller und Übersetzer („Schachnovelle", „Maria Stuart")

Stichwortverzeichnis

Allgemeinwohl 17
Angebot 82
Angst 55, 56
Arbeit 44, 73, 86, 88, 93
Argument 26, 39
Aufmerksamkeit 29
Ausdauer 68
Authentizität 80

Ballast 19
Bank 87, 91
Banker 93
Begeisterungsfähigkeit 42
Berater 89
Beweis 38
Beziehungen 80

Chance 78, 88
Computer 90

Diskussion 39, 42
Dummheit 38, 42, 53
Durchschnittsmensch 64

Entschuldigung 31
Enttäuschung 50
Erbschaft 87
Erfolg 22, 54, 58, 75, 76, 77, 78, 81
Erinnerung 56

Fachidiot 30, 33
Fehler 18, 52, 54
Feigheit 44
Finanzamt 90
Fortschritt 16
Fragen 28, 31, 32, 34, 90

Freiheit 29

Geiz 89
Geld 34, 50, 68, 74, 87, 89, 91, 92
Genie 64, 65, 73
Geschäft 26, 66
Geschäftsbuch 90
Geschmack 81
Gespräch 27, 29, 30, 33
Gewinner 26, 78
Gewohnheit 19
Glück 51, 54, 78, 89

Hektik 88
Herausforderung 19
Herz 29
Hoffnung 51

Idee 16, 22, 44

Kaufmann 74
Klugheit 38, 51, 77, 82, 87, 92
Kompromiss 41
Konkurrenz 75
Kopf 22, 30, 58
Krise 51, 57
Kunden 27, 30, 32

Lächeln 31, 41
Lachen 86
Leben 50
Lebensraum 45
Lernen 74, 79
Lob 42
Logik 41, 66

113

Management 74
Managerkrankheit 52
Marketing 27, 93
Meinung 29
Misserfolg 50, 54, 58
Misstrauen 33
Mitleid 53
Mut 28, 44, 73

Narr 56, 67, 82
Neid 53, 89
Neues 16
Notlüge 44

Optimismus 72, 81

Partnerschaft 40
Peanuts 86
Pessimismus 21, 81
Problem 57

Ratschlag 89
Recht 93
Rede 33
Reichtum 26, 72, 91, 92
Risiko 22

Schicksal 56
Schwäche 55
Selbstverständlichkeit 28
Sicherheit 29
Sieg 40, 75, 78
Sinn 55
Sorge 53, 67
Sprache 32
Statistik 86
Steuern 88

Takt 41
Tatsache 89
Toleranz 41
Traum 17, 18, 21, 64

Unglück 51, 53

Veränderung 17, 18
Verantwortung 22
Verkaufen 26, 27, 32
Verlierer 78, 79
Vernunft 39
Verstand 29
Vertrag 31
Vertrauen 52
Vorbereitung 82
Vorsicht 33

Wahrheit 27, 28, 40, 44
Wahrscheinlichkeit 52
Wandel 22
Weisheit 42, 56, 64, 67, 82
Werbung 86
Wettstreit 20
Wirklichkeit 40
Wirtschaftswissenschaft 92
Worte 32, 33, 73

Zeit 90
Zeitpunkt 72
Ziel 64, 65, 66
Zivilcourage 42
Zufall 66, 75
Zukunft 18, 57, 65, 72
Zweifel 53

Der Herausgeber

Roger Rankel ist namhafter Experte für angewandte Vertriebs-Strategien. Unternehmen wie Microsoft, MLP, Premiere, Postbank zählen zu seinen Kunden. Die von ihm entwickelten Trainingssysteme *Endlich Empfehlungen, FlowSelling®* und *Sales-Life-Balance®* haben Tausende von Schulungsteilnehmern und Vortragsbesuchern in ganz Europa begeistert – durch eine einzigartige Verkaufslogik und bestechende Einsichten, aber auch durch ihre bildhafte Sprache. Roger Rankel lebt im Sissi-Schloss Possenhofen am Starnberger See.

Sein Buch "Sales Secrets - Warum JEDER ein Verkäufer ist und dieses Wissen BRAUCHT" ist ebenfalls bei Springer Gabler erschienen.

Kontakt:

Roger Rankel Vertriebstrainings
Maximilianstraße 2a
D-82319 Starnberg am See

Telefon +49 (0)8151/55516-10
Telefax +49 (0)8151/55516-11
E-Mail: info@roger-rankel.de

www.roger-rankel.de

Der Illustrator

Christian Weiß ist Diplomdesigner. Seine Kunst ist weltweit im Werbe- und Designbereich vertreten. Unter anderem arbeitet er für die bekannte Ritzenhoff-Kollektion. Aktuell wurde er mit dem Red-Dot-Award ausgezeichnet, einem der führenden internationalen Design-Wettbewerbe, um den sich jährlich 5 000 Einsender aus 38 Ländern bewerben.

Printed by Printforce, the Netherlands